Pour Tony et nos enfants merveilleux
Eloise, Oli and Alice

Mandie Davis

&

Maddy May

Reprinted (Version 2) July 2018
First published by Les Puces Ltd in 2015
ISBN 978-0-9931569-5-3
© 2015 Les Puces Ltd
www.lespuces.co.uk
Original watercolour paintings © 2015 Maddy May and Les Puces Ltd

Egalement disponible chez Les Puces

Consultez notre boutique en ligne sur www.lespuces.co.uk

Mandie Davis

illustré par Maddy May

Une Promenade

dans les bois

Quelle belle matinée !
Je vais aller me promener.

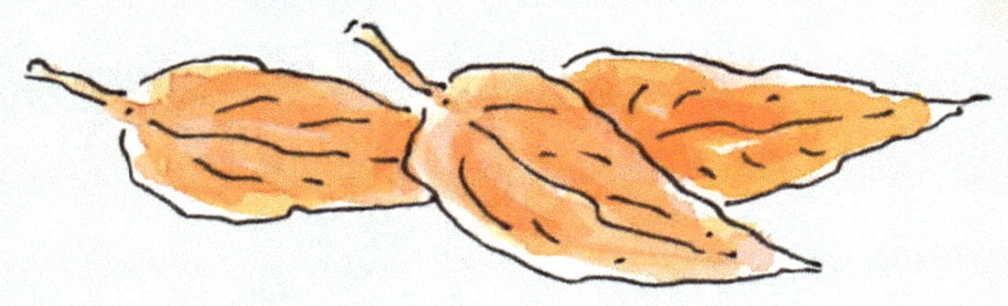

Toc Toc ! "Bonjour ! Je vais aller me promener ! Tu veux venir avec moi ?" "Oui, je vais venir avec toi !"

Toc Toc ! "Salut ! Nous allons nous promener. Voulez-vous venir avec nous ?" "Oui ! Nous allons venir avec vous."

J'adore me promener dans les bois. Pouvez-vous entendre les oiseaux chanter ? Cui Cui !

Oui, regardez ! Ils sont là. Les oiseaux sont là. Il y a un pivert et deux pies, noires et blanches.

Je peux voir une queue !
Elle est longue et poilue.
Qu'est-ce qu'il y a dans
l'arbre ?

C'est un écureuil gris !
Il mange une noisette.

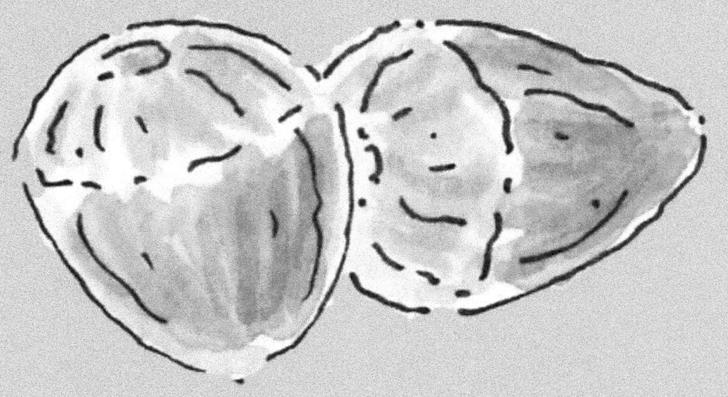

Heureusement, on porte
nos bottes. Ces flaques
d'eau sont boueuses.
Plouf ! Plouf !

À qui sont ces
empreintes de pattes ?

Chuuut! Il y a un petit lapin. Il est près des champignons ! Il est mignon.

Qui renifle là ?
Je peux voir un nez !

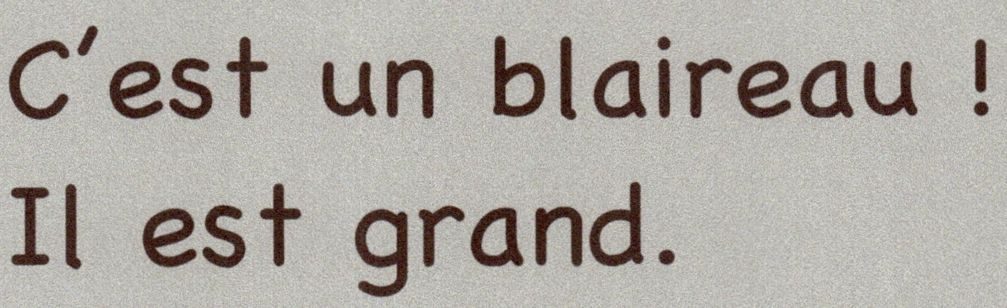

C'est un blaireau !
Il est grand.

À qui peuvent appartenir ces défenses ? Y'a t-il un éléphant dans la forêt ? Ou un morse ?

Non, ils n'habitent
pas dans la forêt.
C'est un sanglier !
Oh non !

Vite ! Courons !
Le long du chemin à
travers les bois...

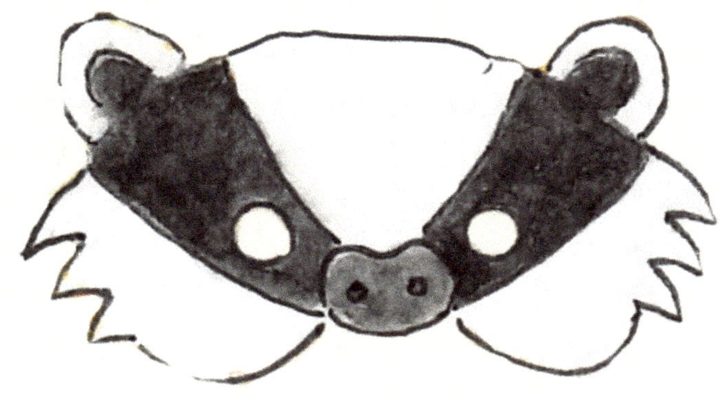

...et de retour à la maison à temps pour le goûter !

Vocabulaire

le garçon

la pie

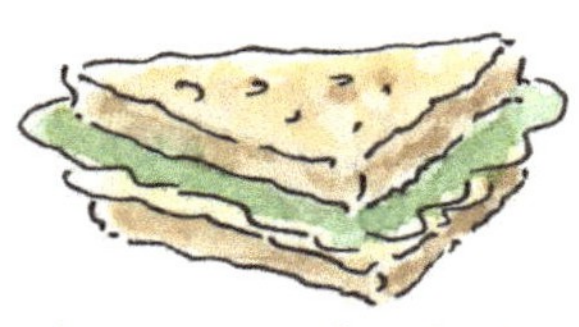

le pivert

la fille

le sanglier

la plume

la feuille

le masque

l'écureuil gris (m)

le lapin

le sandwich

la flaque d'eau

le blaireau

le champignon

le gâteau

les empreintes
de pattes (f)

Vocabulary

boy

magpie

green
woodpecker

girl

wild boar

feather

grey squirrel

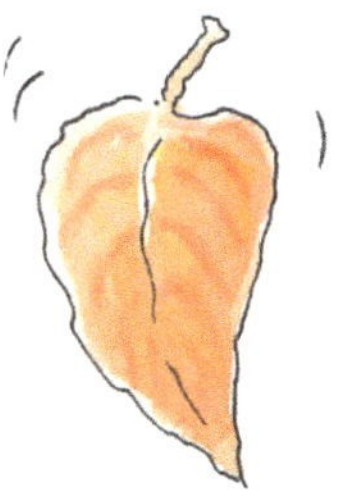

leaf

mask

rabbit

sandwich

puddle

badger

mushroom

cake

paw prints

...and home in time for tea!

Quick! Run! Along the
path through the woods...

No, they don't live
in the woods. It's
a wild boar! Oh no!

Who can those tusks belong to? Is there an elephant in the woods? Or a walrus?

It's a badger!
He is big.

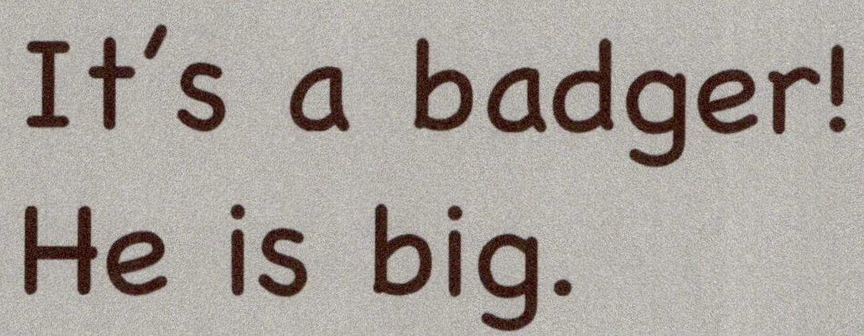

Who is that sniffing around?
I can see a nose!

Shhh! There's a little rabbit.
He is near the mushrooms!
He is sweet.

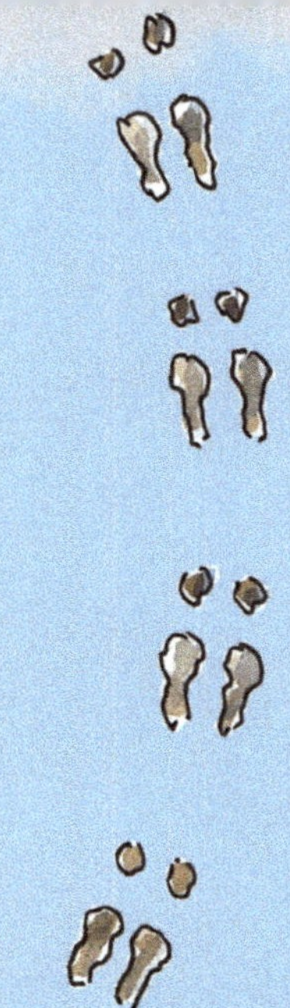

Whose are these paw prints?

Luckily we wore our
welly boots. These
puddles are muddy.
Splosh! Splosh!

It's a grey squirrel!
He is eating a nut.

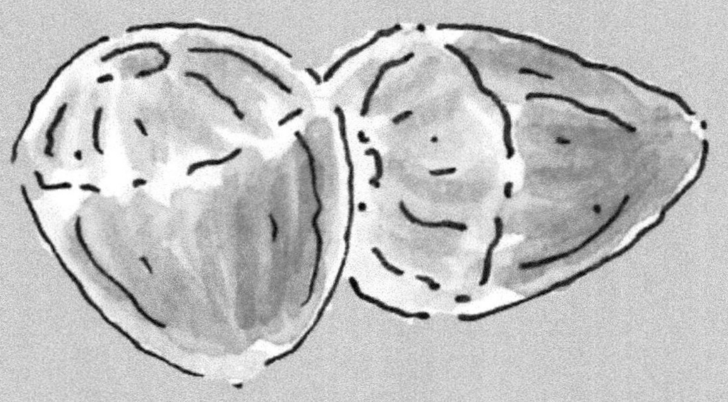

I can see a tail! It's long and fluffy. What is that in the tree?

Yes, look! There they are.
There are the birds. There's a
green woodpecker and two
black and white magpies.

I love walking in the woods.
Can you hear the birds
singing? Tweet Tweet!

Knock Knock! "Hello! We are going for a walk. Would you like to come with us?" "Yes! We will come with you."

Knock Knock! "Good morning! I'm going for a walk! Would you like to come with me?" "Yes, I will come with you!"

What a beautiful morning!
I'm going for a walk.

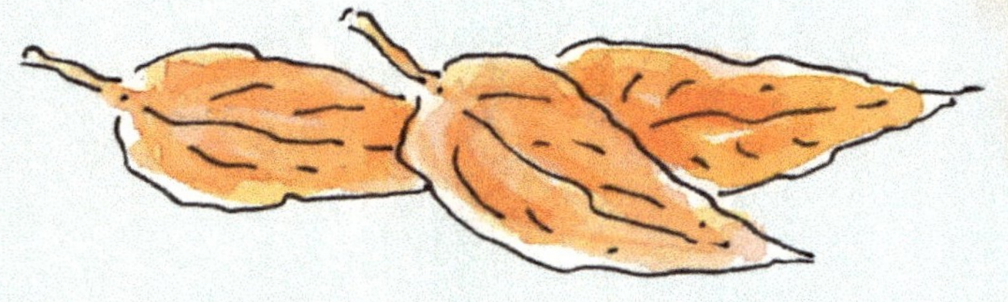

Mandie Davis

illustrated by Maddy May

A Woodland Walk

Also available from Les Puces

Visit the shop on our website at www.lespuces.co.uk

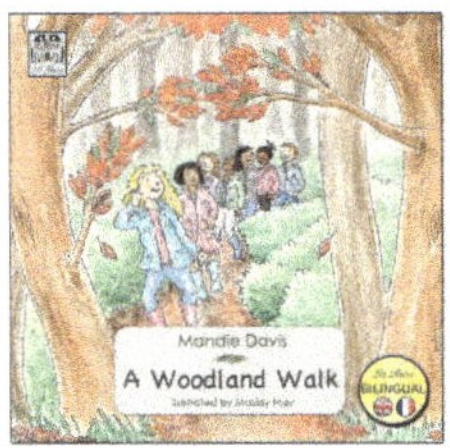

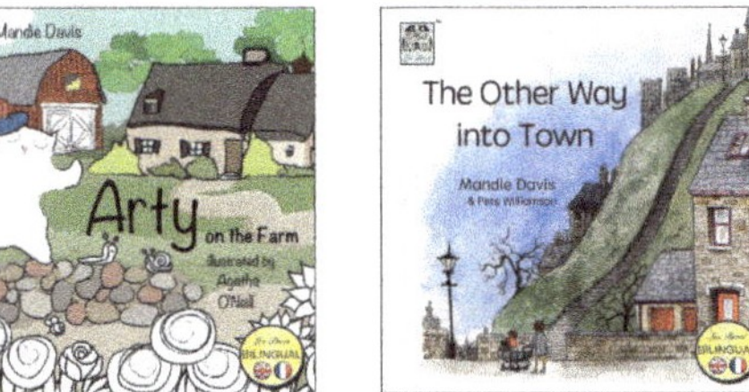

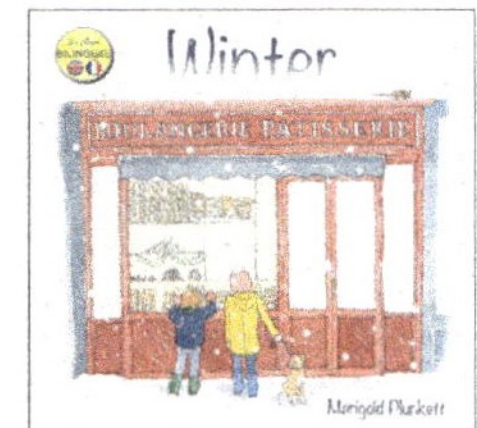

For Tony and our wonderful children
Eloise, Oli and Alice

Mandie Davis
&
Maddy May

Reprinted (Version 2) July 2018
First published by Les Puces Ltd in 2015
ISBN 978-0-9931569-5-3